AF599626

POESÍA COMPLETA EN LENGUA ESPAÑOLA

MARRA LANOT

POESÍA COMPLETA EN LENGUA ESPAÑOLA

Edición de Isaac Donoso

VISOR LIBROS

Esta publicación ha contado con una ayuda económica de la Oficina de la Senadora Loren Legarda y del Consulado General de Filipinas en Barcelona, a través de la Universidad de Alicante y del Premio José Rizal de las Letras Filipinas

OFFICE OF SENATOR
LOREN LEGARDA

Universitat d'Alacant
Universidad de Alicante

Premio José Rizal

Cubierta: Julieta L. Rich. *Sunrisa (for Adi)*

Isaac Peral, 18 - 28015 Madrid
www.visor-libros.com

ISBN: 979-13-87745-52-3
Depósito Legal: M-18892-2025

Impreso en España - Printed in Spain
Gráficas Muriel. C/ Investigación, n.º 9. P. I. Los Olivos - 28906 Getafe (Madrid)

X PREMIO JOSÉ RIZAL DE LAS LETRAS FILIPINAS: UNA DÉCADA DE CREACIÓN FILIPINA ACTUAL EN LENGUA ESPAÑOLA

Siempre fue el español lengua de creación letrada en Filipinas. No podía ser de otro modo, pues la constitución social y cultural de este archipiélago asiático estuvo vinculada durante toda la era moderna a España, su aspiración soberana se defendió con las armas intelectuales de la palabra hispánica, y sus leyes se escribieron en español. Pero siempre fue el filipino políglota, por su propia geografía archipelágica se necesitaban lenguas interétnicas (tagalo, bisaya, ilocano...); como cruce de caminos transcontinental, una lengua franca siempre permitió la comunicación (malayo, español, inglés...); las escrituras china y árabe han circulado secularmente en el territorio, y el número de lenguas y culturas vernáculas es de riqueza abrumadora.

En este crisol de extraordinaria civilización, y a pesar de un siglo XX singularmente complejo para la joven República de Filipinas, sigue existiendo en el alma filipina el significado fundador de la cultura hispánica. Filipinas es un país de más de cien millones de habitantes, diez millones viven en la diáspora repartidos por cualquier rincón del planeta, y son muchas las preguntas culturales e identitarias que el filipino, de forma individual y colectiva, se hace a lo largo de la vida, en un escenario global, pero también en sus propios quehaceres cotidianos. Y esa voz que parece lejana y apagada, un *de profundis* inconscientemente proclamado, siguió y sigue hablando, y sigue expresando, en una lengua mundializada como es hoy el español, las inquietudes humanas del ser filipino.

Con el sencillo fin de poder ofrecer reconocimiento y visibilidad a los autores filipinos que actualmente escriben textos en lengua española, como valoración a una obra singular publicada o redactada en el año en curso, pero también como galardón a toda una carrera creativa, desde el grupo de investigación Humanismo-Europa de la Universidad de Alicante, junto al Instituto Juan Andrés y a *Revista Filipina*, se consideró la pertinencia de crear un «Premio José Rizal de las Letras Filipinas». Sin mayor pretensión que reconocer a unos autores y unas obras, esto es, una existencia real y actual de literatura filipina en lengua española, por la voluntad expresiva de sus propios escritores, el premio distingue el ideal rizaliano de porfiar a pesar del naufragio, a pesar del imposible, aquel ideal de un pueblo que gana la libertad con el cultivo de la palabra, de la quimera cervantina. Ideal imperecedero, patrimonio de la obra de José Rizal, el siglo XXI sigue contemplando la pertinencia de la expresión filipina en lengua española y su pertenencia legítima y natural a la letras actuales de Filipinas.

Hacemos relación a continuación de los autores y obras galardonados en estos diez años:

I) Guillermo Gómez Rivera, *Quis ut Deus, o el Teniente Guimô, el brujo revolucionario de Yloílo*, Manila, The Herald Press, 2015.

II) Luis Eduardo Aute, *El sexTo animal*, Madrid, Espasa, 2016.
III) Edmundo Farolán, *El diario de Frankie Aguinaldo*, San Francisco, Carayan Press, 2016.
IV) Virgilio Almario (Río Alma), *En tiempos de la vendedora y del criminal/Sa oras ng tindera't kriminal*, Madrid, Instituto Juan Andrés, 2018.
V) Macario Ofilada, *Salmos heridos, Algunos pecados de juventud y Gymnopédies astrales*, Barcelona, Editorial Hispano Árabe, 2019.
VI) Gilbert Luis R. Centina III, *Recovecos/Crevices*, Nueva York, CentiRamo, 2020.
VII) Edwin Agustín Lozada, *Recuerdos*, Barcelona, Editorial Hispano Árabe, 2021.
VIII) Daisy López, *Momentos e instantes*, Nueva York, CentiRamo, 2022.
IX) Elizabeth Medina, *Torbellinos en lo claroscuro*, San Francisco, Carayan Press, 2024.
X) Marra Lanot, *Poesía completa en lengua española*, Madrid, Visor, 2025.

Como puede comprobarse, la dimensión internacional del fenómeno literario es manifiesta. Quizá la literatura en lengua española no sea ya la literatura nacional de Filipinas —como proclamaba la Enciclopedia Espasa hace bastantes décadas— pero sigue siendo por derecho una literatura filipina. Por añadidura, el siglo XXI ha venido a suscitar escenarios insospechados y fértiles para la recuperación de esta expresión, entre otros la inmediata interacción mundial, la reconsideración identitaria, la reescritura de la historia y de la memoria histórica, el solipsismo ante el sistema capitalista, la diáspora laboral o las redes sociales del ciberespacio.

Es nuestra voluntad que estos textos no solo sirvan de aproximación a la sensibilidad literaria filipina, sino que restituyan su voz como consustancial a las inquietudes actuales expresadas en lengua española.

Isaac Donoso
Alicante, 27/01/2025

PAUNANG SALITA

Nabuhay ang Lola at Lolo ko noong labî ng panahon ng Kastila sa Pilipinas, na pinaghaharian ng Espanya sa pamamagitan ng Mexico. Masasabing masigabong ang Galleon Trade na siyang naging ruta ng komunikasyon at negocio ng Filipinas at Mexico at Espanya sa maraming parte ng mundo.

Dahil malakas ang koneksiyong pangkultura ng Filipinas at Mexico, naging patron ng Filipinas ang Nuestra Señora de Guadalupe. Maraming relihiyosong pagdiriwang ang nakaugat sa Mexico. Pati mga plasa na pinapaligiran ng tiangge o pinangyayarihan ng piyesta at banda at sayawan ay impluwensiya ng Mexico. May bayan sa probinsiya ng Pampanga sa Central Luzon, na nagngangalang Mexico, kung saan masarap ang tamales, at ang punto ng pananalita ay hawig sa Mexicano.

Nang dumating ang mga Amerikano, tinuruan ng mga misyonaryong Amerikano ng Ingles ang mga Filipino sa buong arkipelago. Ito ay para mapabilis ang pampulitika at pang-ekonomiyang pananakop ng Filipinas. At natutong magsalita ng Ingles ang Lola at Lolo ko. Nadagdagan ang kanilang katutubong lengguwaheng Tagalog at ang kaunting kaalaman sa Kastila ng Ingles, ang lengguwahe sa paaralan at sa mga texbuk.

Lumaki akong pinaligiran ng mga libro sa Ingles. Ang ama ko ay peryodista at literary editor ng mga diyaryo at magasin sa Ingles. Ang ina ko ay piyanista na nagtapos ng Piano sa Chicago Musical College at nagturo sa University of the Philippines College of Music. Idolo ko ang Papa ko, na sumusulat noon ng poesiya at ensayo sa Ingles. Gusto ko rin sana maging peryodista, pero walang Journalism sa U.P. noon, at dahil gusto niya na sa U.P. ako mag-aral, nagtapos ako sa U.P. ng A.B., major in English and Literature.

Nang nagtayo ng maliit na peryodiko ang ama ko sa Filipino, niyakag naman akong sumulat sa Filipino ng mga kaibigan ng ama ko gaya ni Amado V. Hernandez. Noon nagsimla ang pagsusulat ko sa Fillpino. Malaking impluwensiya sa pagkatha ko ng tula sa Filipino ang Isang Dipang Langit, *koleksiyon ng mga tula ni Amado V. Hernandez, at Ako ang Daigdig, aklat ng mga tula ni Alejandro G. Abadilla.*

Nagkaroon ako ng grant sa International Writing Program sa Iowa, Estados Unidos, noog 1986. Apat na buwan ko nakasama at naging kaibigan ang ilang manunulat na kahenerasyon ko na taga-Korea, Malaysia, Tsina, India, Nigeria, South Africa, Jamaica, Brasil, Espanya, Mexico, Argentina, etc. Hindi nagtagal, kinuha akong magtrabaho sa Sentrong Pangkultura ng Pilipinas (CCP) sa Maynila bilang Associate Artistic Director of Film, Visual Arts, Literature, & Broadcast Arts.

Para hindi maaksaya ang oras ko sa trapik papunta at pabalik ng bahay ko sa Quezon City, nag-aral ako ng Espanyol sa Instituto Cervantes. Ang layunin ko ay makapagbasa ng panitikan ng mga manunulat sa lengguawaheng Espanyol at makipagsulatan sa mga naging kaibigan ko sa Iowa na mahina sa Ingles.

Nang umalis ako sa CCP, nag-aral ako ng Pagsasalin mula sa Espanyol sa U.P. Departamento ng European Languages.

Sa pagsasalin ko, naengganyo akong subukan magsulat ng sarili kong mga tula sa Espanyol.

Tuloy-tuloy na ang interes ko sa Espanyol. Ngayon, nagpapasalamat ako sa suporta ng mga yumao kong magulang na sina Serafin Lanot at Gloria Licad Lanot, sa kabiyak ko na si Jose F. Lacaba, na makata rin sa Filipino at Ingles, sa unico hijo ko na si Kris Lanot Lacaba, makata sa Filipino at Ingles, at sa asawa niyang si Francezca C. Kwe, kuwentista sa Ingles. (Silang tatlo ay nanalo na rin ng Carlos Palanca Memorial Award for Literature.) At ang mga apo ko, ang kambal na babae at lalaki, eded 10, at ang bunso, edad 6, ay marunong ng ¡Hola! buenos días, buenas noches, me llamo, at cómo estás…

PREFACIO

Mi abuela y mi abuelo vivieron durante la era española en Filipinas, gobernada secularmente a través de México. Ciertamente el comercio que se desarrolló con los galeones (de Acapulco, y de Manila) fue una ruta de comunicación y negocios vital entre Filipinas, México y España en una relación intercontinental.

Dado que el vínculo cultural entre las islas asiáticas de Filipinas y México es fuerte, Nuestra Señora de Guadalupe se convirtió en la santa patrona del archipiélago. Muchas fiestas religiosas tienen sus raíces en México, incluso las plazas rodeadas de tiangues o escenario de fiestas, procesiones y bailes es influencia evidente de Nueva España. Hay un pueblo en la provincia de Pampanga, en el centro de la isla de Luzón, llamado México, donde los tamales son deliciosos, y el acento del discurso es similar al mexicano.

Cuando llegaron los estadounidenses, los misioneros norteamericanos enseñaron el inglés a los filipinos en todo el archipiélago. Trataban con ello de acelerar la conquista política y económica del territorio. Mi abuela y mi abuelo aprendieron a hablar inglés. Entre ellos mantenían su lengua vernácula, el tagalo, y tenían un poco de conocimiento del nativo español y, ahora del inglés, idioma impuesto en la escuela y en los libros de texto.

Crecí rodeada de libros en inglés. Mi padre era periodista y editor literario de periódicos y revistas en inglés. Mi madre era pianista, se graduó en piano en el *Chicago Musical College* y enseñó en la Facultad de Música de la Universidad de Filipinas. Papá era mi ídolo, escribía poesía y ensayos en inglés. Yo también quería ser periodista, pero en la Universidad de Filipinas no existía la carrera de Periodismo. Así que, como quería estudiar en esta universidad, finalmente me matriculé en Lengua y Literatura Inglesas.

Cuando mi padre fundó un pequeño periódico en lengua filipina, amigos de mi padre, como Amado V. Hernández, me animaron a escribir en filipino. Fue entonces cuando comencé a escribir en este idioma. *Isang Dipang Langit* de Amado V. Hernández, y *Ako ang Daigdig* de Alejandro G. Abadilla, tuvieron una gran influencia en mi primera poesía en filipino.

Obtuve una beca en el «Programa Internacional de Escritura» en Iowa, Estados Unidos, en 1986. Durante cuatro meses estuve, y me hice amiga de algunos escritores de mi generación de Corea, Malasia, China, India, Nigeria, Sudáfrica, Jamaica, Brasil, España, México, Argentina, etc. Poco después, me contrataron para trabajar en el Centro Cultural de Filipinas (CCP) en Manila como directora artística asociada de cine, televisión, literatura y artes visuales.

Para no perder el tiempo en el tráfico yendo y viniendo de mi casa en la Ciudad de Quezon, estudié español en el Instituto Cervantes. Mi objetivo era leer literatura de escritores en español, y mantener correspondencia con los amigos que había hecho en Iowa y que no dominaban el inglés.

Cuando dejé el CCP, estudié entonces Traducción en la especialidad de español en el Departamento de Lenguas Europeas de la Universidad de Filipinas. Mientras traducía, me inspiraba para intentar escribir mis propios poemas en español.

Desde entonces, mi interés por el español continúa. Hoy agradezco el apoyo de mis difuntos padres Serafín Lanot y Gloria Licad Lanot, mi esposo José F. Lacaba, quien también es poeta en filipino e inglés, mi único hijo Kris Lanot Lacaba, poeta en filipino e inglés, y a su esposa Francezca C. Kwe, narradora en inglés (los tres también han ganado el «Premio de Literatura Memorial Carlos Palanca»). Y vuelvo a transmitir la lengua, interrumpida generacionalmente por el proceso colonial estadounidense, a mis nietos, niñas y niños gemelos, de 10 años, y al más pequeño, de 6 años, quienes ya saben *¡Hola! buenos días, buenas noches, me llamo,* y *cómo estás…*

LA POESÍA DE MARRA LANOT: UN CANTO GENERAL A FILIPINAS

La escritora manileña Marra Patricia Lanot y Licad ha compuesto en los últimos años el relato emocional de otra posible realidad, una en la que exista la justicia social, la igualdad horizontal entre ciudadanos, hombres y mujeres, y en donde el misterio de la existencia solo radique en el acto de amar. Claro, la confusión en torno al verdadero alcance del término es algo que ha confabulado las jerarquías a lo largo de la humanidad, y que meridianamente desvela el verbo sencillo de una poesía impoluta donde cada palabra abofetea a frívolos e ingenuos:

> Él dice que la quiere,
> ¿Y ella que no sabe nada
> y suspira de inocencia?
> Ha estado trabajando
> desde que nació
> sin tiempo para soñar
> y está en la carnicería.

Marra Lanot sorprendió la escena literaria filipina al publicar en editoriales prestigiosas de alcance nacional, poemarios trilingües, con textos no traducidos, sino escritos cada uno de ellos en una de las diferentes lenguas de cultura del país: filipino, español e inglés. Sus obras consiguieron revivir un fenómeno real, el de la políglota historia literaria del país, y la necesidad de transmitir un mensaje de alcance social al conjunto de interlocutores de la estratigráfica pirámide filipina. Su marcada beligerancia se dispara con un verbo párvulo e inocente, que hiere directamente la fibra humana, y descompone la parsimonia del buen ciudadano. La misma tensión puede verse en sus poemas tagalos:

Katulong sa bukid
Sa porno'y maynika
Domestic, migrante
Mail-order bride at puta[1].

Witch's Dance at iba pang tula sa Filipino at Español (*La danza de la bruja y otros poemas en filipino y español*) fue el primer libro en el cual incorporó poemas en español[2]. Un año después aparecerían tres poemas suyos publicados en un innovador libro editado en Madrid, *Lo último de Filipinas. Antología poética*[3]. Esta obra trataba por primera vez de recopilar autores filipinos contemporáneos, con el acierto de incluir escritores tanto en español, como en inglés y filipino. El libro brindó la oportunidad de publicar en España a

[1] «Sirvienta en el campo / esclava pornográfica / empleada doméstica, emigrante / esposa por correo y puta», «Marya», en Marra Pl. Lanot, *Witch's Dance at iba pang tula sa Filipino at Español*, Manila, Anvil, 2000, p. 125.

[2] En total quince poemas, con traducción en prosa al inglés a pie de página: «Cómo quisiera», «Pienso en ti», «Solamente platicamos», «Quiero», «México», «España», «Cantar al hombre», «Él dice que la quiere», «Frida», «Revolucionarias», «Rezo», «Lluvia», «Vida», «Flores», «Baila conmigo».

[3] Jaime B. Rosa (ed.), *Lo último de Filipinas. Antología poética*, Madrid, Huerga & Fierro, 2001.

autores filipinos actuales y, aproximarse, siquiera tenuemente, a una nueva agitación cultural que estaba teniendo lugar en la Filipinas finisecular después de la Revolución de la avenida EDSA (Epifanio de los Santos) de 1986.

Lanot experimenta con las entrañas del ser humano. Su herramienta es la palabra, las palabras de los idiomas filipinos, para que ningún filipino sea ajeno a su discurso, ningún filipino haga oídos sordos de la realidad, descorazonadora, de la ruina que acecha a la ingenua inocencia:

> ¿Qué me cuentas, luna llena?
> dime ¿qué me cuentas?
> Musa de mis sueños
> libro de amores y tragedias
> pozo de secretos y misterios
> espejo de mi alma
> eres la luz que borra
> mis ansias y angustias
> que ilumina el caminito
> o el camino verde
> en la oscuridad de la noche.

Lanot consolidó su obra con un segundo poemario: *Riding the Full Moon and other poems in Filipino & Spanish* (*Cabalgando la luna llena y otros poemas en filipino y español*)[4]. Se había aproximado a la poesía en español tra-

---

[4] Manila, Anvil, 2008. Se incluyen diez poemas en español: «Luna llena», «Llaves», «Momentos contigo», «Una flor», «Madrugada», «Me preguntas si te quiero», «Sor Juana Inés de la Cruz», «Cuando vuelves», «Isabel», «No te doy ninguna promesa».

duciendo textos: «Empecé traduciendo poemas del español al filipino. A partir de ahí me interesé más por los poetas que escriben en español y de la lectura pasé a componer poemas originales en español»[5].

Efectivamente, en un periodo inicial tradujo al filipino autoras como, por ejemplo, Gabriela Mistral[6]. Con el tiempo logró crearse una voz propia, conectada de forma natural con las voces hermanas que, desde América Latina, le interpelaban desde el otro lado del océano Pacífico. El proceso de (re)conocimiento es significativo en la medida en que se arroga unos símbolos culturales e históricos. Dado que Marra Lanot ha asumido total responsabilidad con la escritura y la tradición en lengua española —la propia filipina y la universal hispánica—, lo significativo en este caso es que remite a símbolos (no tan reconocibles desde Filipinas), como Frida Kahlo o Sor Juana Inés de la Cruz:

> Te encantó saber todo
> del cielo y de la tierra
> más que escuchar las promesas
> y las palabras dulces de los hombres.

Lanot dibuja la cartografía de mujeres históricas, y enlaza con la primera que le enseñó su educación católica, aquella

---

[5] Andrea Gallo, «Dos poemas de Marra Lanot y una breve entrevista», en *Revista Filipina*, tomo XII, núm. 3, Otoño 2008: <http://revista.carayanpress.com/mlanot.html>, véase también *idem*, «Entrevista a la poetisa filipina Marra Lanot», en *Destiempos*, núm. 16, Septiembre-Octubre 2008: <www.destiempos.com>.

[6] *Linguae et Litterae*, Ciudad de Quezon, Universidad de Filipinas, 1992, vol. I, año 1, pp. 66-67.

divinizada por los misioneros españoles en forma de madre de Dios. «Rezo» es su poema mariano más significativo:

Como eres una mujer,
nadie te conoce
pero, sí, te conocemos,
y como tú estás
en nuestra mente
y en nuestro corazón,
madre de Dios,
madre de todos
y de todo el mundo,
mujer de las mujeres,
existes, existes, existes.

Ante la realidad bárbara y grave del poder vertical, el mercantilismo de las almas y el imperio del capital, a los inocentes del mundo solo les queda la poesía:

Los inocentes
saben que la paz
es imposible
por *rebolusyon*
con armas
de destrucción
nadie vive
todos mueren
nada cambia.

Consciente de las trampas culturales del capitalismo, Lanot revuelve la cartografía filipina para encontrar lugares reconocibles: Cuba, Frida, Guadalupe, María Sabina, Isabel, México, Medellín... Hacia un mundo digno, y en parábola rizaliana, una de las claves para el bien colectivo es la integridad individual, y el punto de llegada para un filipino es inevitable, pues España siempre se cruzará en el camino:

> Quiero conocer el sello en el escudo
> de los siglos después de la derrota
> de las armadas.
> Quiero comprender por qué los colonizados
> sueñan viajar a tu tierra
> a pesar de la espada y de la cruz
> a pesar de todo.

La apología a España, cuando Estados Unidos había pasado ya a ser la nueva metrópoli, fue y siguió siendo después de 1945 uno de los temas principales de la literatura filipina en español. El uso del tema por Marra Lanot pone en evidencia las falacias de las sociedades postcoloniales mientras no sean capaces de superar la mentalidad colonial que las depreda, y mientras los gobernantes deleguen su responsabilidad en el feudalismo interior y el servilismo exterior, lucrándose con los presupuestos del Estado. La historia no se escribe en blanco y negro, y el principio de la crítica es la duda.

Su tercer poemario fue *Cadena de Amor, New and Selected Poems in English, Filipino, and Spanish* (Ciudad de Quezon, Universidad de Filipinas, 2017). El texto fue dado a la estampa en la imprenta de la primera universidad pública del país (en un país donde dominan las universidades privadas), con una veintena de poemas en español, mostrando ya un decidido activismo que usaba la lengua española, por primera vez para la Filipinas reciente, como una lengua desclasada. Más allá del encasillamiento que ha perpetuado y perjudicado al español en las islas como lengua elitista, Marra Lanot lo usa, consciente y arrebatadamente, como lengua sin clase social, como lengua de todos, lengua del pueblo, lengua del Che, Sor Juana y Frida.

Finalmente, su labor fue reconocida en el poemario *Soy* (Barcelona, Editorial Hispano Árabe, 2023), con el «Premio Antonio Abad», concedido en Manila por la Universidad del Extremo Oriente. El manuscrito incluía solo textos en español y, como reza el título, supone el último paso introspectivo de interrogación personal, también colectiva, sobre qué significa ser «filipina». Filipina, Filipinas… país con nombre de mujer, en un mundo donde el silencio descarna a los que se encuentran bajo de la pirámide, es decir, prácticamente a todos:

> en la frontera bajo asedio día tras día
> sin agua, sin electricidad,
> sin suministros médicos
> donde las mujeres tienen cesárea
> ellas se encogían y lloraban cada siete
> capas de piel cosida sin anestesia.

Presentamos en esta edición toda la poesía escrita por Marra Lanot en lengua española, recopilada desde sus cuatro poemarios, más una extensa producción de obra inédita, en conmemoración del «X Premio José Rizal de las Letras Filipinas», fallado en 2024 por el conjunto de su obra.

Isaac Donoso

POESÍA INÉDITA

UN DESPERTAR FELIZ

Nunca he asistido a
un despertar
sin un diluvio
de lágrimas.

Ahora, después de
10 000 años,
los hermanos
de un amigo
en cenizas,
y yo nos abrazamos,
nos reímos sin parar,
recordamos
cuando mi madre
nos abofeteó
nuestras manos
cuando tomábamos
clases de piano,
y otros recuerdos,
como cuando nuestros
padres charlaban,
y se reirían
también.

SOY YO

Me fascinan las líneas en mi frente.
Alrededor de mis ojos parecen
la ruta del ojo del ciclón enojado.
Me encantan las madrigueras
cerca de mis labios, son recuerdos
de la luna soñando en el bosque, los
momentos de alegría con animales, flores
y ríos que cantan hasta el mar,
el sol riendo y bailando en la lluvia.
El itinerario a la vejez
sigue al cuello, que muestra
una vida más rica que
un bebé, de piel muy suave,
sin historia, sin cuento
humano, sin memoria
de su naturaleza, ni de amor,
ni fotografías del alma.
Miro al espejo y me veo a mí misma,
no soy bella, no soy fea,
solo soy vieja, soy yo,
nadie más que yo,
soy yo.

SOY MIS PADRES

Mi papá hallaba
aves exóticas
en la cumbre
de la montaña
y árboles altos
que tienen siglos,
entraba a las cuevas
de rocas resbaladizas
y llena de serpientes,
nadaba océanos con
brazada de perro.
—Conoce, decía,
tus islas primero
antes de viajar
al extranjero.
Así es mi papá,
soy mi papá.

Mi mamá siempre
preparaba merienda,
jugo o cualquier alimento
para los visitantes
los estudiantes
los profesores

los cantantes
y los actores del teatro,
incluidos los pobres
vecinos helados
por la inundación.
Y para su familia
plantaba legumbres,
como hongos,
helechos y kangkong,
para tener buena salud.
Así es mi mamá,
soy mi mamá.

Y papá cultivaba
flores y frutas,
rosas y rambután
sampaguita y santol,
tocaba la guitarra
y bailaba,
mientras mamá
traía a la vida
Beethoven y Liszt.

Así son mis padres,
soy mi papá
y mi mamá.

LOS NIÑOS JUEGAN

Los niños —de tres
o cinco años—
juegan con juguetes,
pistolas, granadas,
todo tipo de
artillería
y tanques de guerra,
aviones de combate
armas nucleares.
Los niños compiten,
matan personas,
pueblos, naciones,
aniquilan
el ambiente,
matan a todos
aquellos que viven
toda la belleza
del mundo.

Sí, hay que
terminar con el malo,
cambiar muchas cosas,

pero mejor
cambiar sin
armas de muerto.

Mis nietos juegan
con ollas y sartenes,
cocinan hierbas
como legumbres
y cosmos para ensalada.
Es importante para crecer,
saludable y fuerte.
También juegan
con muñecas,
bañarlas,
alimentarlas,
enseñarles
a cantar, bailar
y leer.

Los inocentes
saben que la paz
es imposible
por *rebolusyon*,
con armas
de destrucción
nadie vive
todos mueren
nada cambia.

PERDONAR

No puedo olvidar nada,
no puedo, aunque me gustaría,
pero puedo perdonar cosas,
o personas, que me hacen mal,
que no me caen bien,
puedo perdonar aquellos
que parecen demonios,
con sus crímenes
monstruosos.

Perdonar es un viento fresco
que baña mi cuerpo y mi alma
como si fuera a escapar
del infierno del odio,
es una pradera de flores
fragrantes que anima
el corazón cansado.

Perdonar ilumina el sueño
para que durmamos
en paz. El ciclo
de violencia terminará,
nuestro espíritu sanará.

UN SUEÑO

Sueño abrazar un león,
un tigre, un puma,
un jaguar, un leopardo,
una pantera, un lince,
rodar con ellos
en la montaña,
en el río,
en la sabana,
en el campo abierto
verde como el césped
grande como el viento,
libre en el cielo donde
las sombras siniestras
no caen, porque
los cazadores se
arrodillan, lloran, huyen
de deshonra y muerte.

También me gustaría
cantar a la luna
junto a los lobos,
subir a los árboles
y dormir en el matorral
de eucalipto con

los coalas esponjosos,
holgazanear con los
pandas en un bosque
de bambú.
Quiero jugar con
los carabaos
y los tamaraos
en el campo de arroz
y ver a los tarseros comer
insectos pequeños,
y soñar la tranquilidad
de la selva
en las ramas del alba.

EL DÍA DE LAS MADRES

Gracias a las madres
que nos han dado tanto,
por dar a luz
y por cuidar de los niños
desde la infancia
hasta la senectud.

Gracias a las madres
que sacrifican todo
para sus niños,
trabajan mucho
para alimentarlos,
para protegerlos,
darles educación,
un hogar con amor.

Gracias a las madres
que no ganan ni
reciben regalos,
ni chocolates,
ni ramos de flores,
porque es bastante
con saber plantar
legumbres y frutales.

Gracias a las madres
que luchan por los
derechos humanos
de las mujeres
y de los inocentes,
que luchan sin parar
para que cesen las guerras
que destruyen
la humanidad,
el planeta,
el futuro
de los niños,
la paz y el alma
del universo.

MI PERRITO

¿Por qué tiemblas de miedo
cuando oyes fuegos
artificiales, petardos,
truenos o balazos?
¿Tienes acaso memoria
de tus ascendientes
en tiempo de caza,
cuando los lobos
se mataban como
demonios en la montaña,
en el bosque,
con sus sinfonías
de aullidos bajo
la luna llena,
y mil estrellas
y mil luciérnagas
de sueño de libertad?

MI ESPÍRITU ANIMAL

I

Mi espíritu animal
es el gato,
muy independiente,
tomador de riesgos,
enamorado de las alturas,
escalando tejados,
caminando sobre
la cuerda floja
y viendo el mundo abajo,
cantando a la luna,
cae de pie
con sus nueve vidas.
Pero muestra su amor
—que sorprende a su dueño—
con una pequeña mordedura
de amor desde su corazón.

II

Mi otro espíritu animal
es el león
leal, protector,

fuerte sentido
de la justicia
y fuerte sentido
de familia.
Con su paso
majestuoso
y cara real,
otros animales
le escuchan
porque es el rey
de le selva,
el guerrero
de los guerreros,
el líder en
ecuanimidad
y honradez,
el alma del
ambiente.
Todo eso está
en el rugido
del león,
cinco millas
de distancia.

VIAJE

Otoño es una sonrisa
en la madrugada,
es un cuadro
de colores cuando
el sol va a dormir,
recorta hojas
de los árboles
como pétalos
de flores,
hojas de mi vida.

El invierno es un helado
en un día
muy caliente,
una limonada
una cama
de hielo picado
para saborear
un vaso de halo-halo
de frutas frescas.
La nieve está
en todos lados,
como si fuera
solo la esperanza.
Tiene lugar

en la noche
blanca.

Me gusta muchísimo
viajar al otoño
y al invierno,
hay encanto
y magia,
pero, a pesar
de eso,
no hay nada
como el hogar,
y mi hogar
es Filipinas,
a pesar de
las calles sucias,
aguas contaminadas,
la pobreza,
la sucia política,
violación de los
derechos humanos,
violación de los
derechos animales,
ad nauseam…
Comprendo a mis
compatriotas,
conozco quién
soy y qué
debemos hacer
en nuestro país,
hoy y en el futuro.

MI GATO

Cuando llamo a mi gato
para conversar con él
mira hacia mí con ojos
cerrados, no dice nada
hace frente a la pared
y duerme hasta la luna.

Por la mañana
corre afuera, bebe
el agua del perro,
su amigo y enemigo,
vuela en la brisa,
caza lagarto y ratón
en tejados y canales
para darme un regalo
con todo su corazón,
y en voz alta
canta su amor
a las gatitas en
la muerte de la noche.

Mi gato vuelve
a su hogar cuando
quiere y charla conmigo

cuando tiene ganas
de hablar, si no tiene
ganas de hacer cualquier
otra cosa, duerme todo
el día, duerme, sueña,
duerme, de vez en cuando
mira hacia mí con ojos
cerrados, parece una
foto de sonrisa
inocente, misterioso,
independiente.

FILIPINAS, MI AMOR

Dicen que en Filipinas es peligroso
caminar en la calle, pasear por la noche,
dormir durante una calamidad,
un poste de electricidad
podría caer sobre tu cabeza,
un relámpago podría golpear
tu pecho y podrías ahogarte cuando
se inundan las casas,
también en la montaña.
Dicen que estar aquí
es una pesadilla.

Bueno, no puedo imaginarme
vivir en tierras extranjeras,
es amar con fecha de expiración.
Aquí el Día de los Muertos
dura una semana, la fiesta de
un santo se alarga una semana,
la cosecha solo tres meses.
Un entierro podría ser tres semanas
con comida, karaoke,
juegos con cartas, mahjong,
con cerveza y vino,
y con risas ruidosas, como

una broma sobre el muerto.
En general la Pascua fuera
es muy quieta, sin *Christmas carols*,
sin canciones en las iglesias,
sin espíritu de Jesucristo,
que significa un comienzo nuevo.
A pesar de los histriones filipinos
en el Congreso y en el Senado,
a pesar de los de la izquierda
que se astillan en facciones,
a pesar de la gente que no obedece
las reglas de tráfico, ni mantiene
limpio los alrededores,
que no tiene disciplina
para una revolución,
a pesar de todo esto,
Filipinas es mi hogar.
Filipinas, mi amor.

NO PUEDO DECIR NADA

No hay palabras
para los queridos
que han viajado al más allá de aquí,
a un lugar desconocido,
les extraño muchísimo cada día.
Nos visitan por la música,
por canciones en el fondo
de nuestro corazón, de nuestra alma,
en los recuerdos de un mirasol,
una mariposa, una noche
llena de estrellas, de sueños,
sin nubes oscuras, sin ciclón.
No hay palabras para describir
lo que siento en
momentos de pesar.
No puedo expresar nada
ni llorar ni quitar el sentimiento
de querer volver al pasado.

EL UNIVERSO DE MIS NIETOS

El universo de mis nietos
es de los animales,
los bebés los miran
y ven en sus ojos
lagos puros
de inocencia,
como en un espejo.

Mis nietos tienen orejas
de canciones de aves,
tienen nariz
llena de fragancia
de sampaguita y jazmín.

Sus labios cuentan
de las colinas,
de los ríos, de la lluvia
y del sol.

Saben el silencio
del sueño y agarran
el trueno y el relámpago,
no les amanece,
son niños de Dios.

PLANTO FLORES CUANDO MIS NIETOS ESTÁN ENFERMOS

Escojo flores bonitas, pero fuertes,
contra el tifón y el fuego del sol.
Como mi jardín es muy pequeño
planto santan, allamanda,
sampaguita, jazmín y nada más.
Así imagino a mis nietos, cuando
no puedo abrazar ni besar
durante su enfermedad,
para que tengan buena salud
en un parpadeo,
buena salud como las
flores del jardín.
Les encantan las flores,
quieren saber cómo se llaman,
de qué colores son.
Investigan cómo huelen
o si tienen fragancia.
Mis nietos son flores de la vida,
son rezos preciosos de gracia,
son la vida de la vida.

MEMORIAS DE LA INFANCIA

Como única hija viajaba
siempre con mis padres
a Marinduque, a Pampanga,
a Baguio, a Hundred Islands…
Estábamos en China
antes de Mao Tse Tung
porque mi papá era el agente
de relaciones públicas
de la *Manila Symphony Orchestra*.
Luego, en Hawái en verano,
a San Francisco en primavera
a Nueva York en el otoño
y en Chicago en invierno.
Encontré muchos amigos,
y hablaba en la lengua de sus países.
Platicamos, jugamos, reímos.
Aprendí varias comidas,
descubrí que puede ser alegre
allí donde están tus padres.
Es posible ser feliz
con los niños de piel blanca,
amarilla, canela o negra,
que estaba bien apreciar diferentes danzas
y música, y hablar otras lenguas.

Sus naciones son las mías,
sus padres los míos,
y mis padres los suyos.
Era un mundo sencillo y puro,
un mundo verde para la niñez.

LA NOCHE Y LA MAÑANA

La oscuridad de la noche
se ilumina por las estrellas,
invita al cansado
a relajarse, a dormir
y soñar en el silencio
del hogar
o del campo.

La luz de la mañana
disuelve preocupaciones,
problemas, dolores corporales,
la pérdida de los seres queridos,
recuerdos y memorias
aparecen en los fragmentos
del sol reluciente en el mar.
Cada día, cada día,
quedan esperanzas
por las mañanas.

AMOR INTENSO

Amo el mundo nuevo de los bebés,
los colores de la madrugada
y de la puesta del sol,
el aire fresco de la selva tropical.
Amo cuando duermo en el campo
de flores silvestres y árboles frutales
con un corazón partido
en la yerba y en la orilla,
con los perros y los gatos
y los tigres y los leones,
los burros y los lobos
y los insectos, increíbles
todas las criaturas de Dios.
Amo la cascada, el agua del manantial,
el lago, el arroyo, el río, el mar,
la lluvia que cultiva las plantas
y como lágrimas limpia el dolor.

NO ME GUSTA MATAR ENEMIGOS

Su familia y sus parientes
pueden perpetrar venganza
y varias formas de odio.
La violencia va a continuar
todos los días, sin cesar.

Me gusta más escuchar
el mar y sus secretos,
la historia del mundo,
el cuento de un pez,
una concha, un coral,
las canciones del alga y de la ola
que viajan lejos y vuelven
de otras costas, y otras playas.
Prefiero salvar el planeta
con mis amigos, que aman la vida,
y no la muerte, salvar
todo lo que camina y corre
por la tierra, los animales,
las abejas, las luciérnagas,
las libélulas, las mariposas,
los árboles, cada hoja que tiembla
por el viento porque un nido
de avecillas podría caer.

Admiro las águilas que vuelan
sobre la tempestad.
También el grito de alegría
y de libertad de las cascadas,
su murmullo de contento
en las montañas, en las selvas escondidas.
No tiene sentido matar,
nadie o nada, cuando tenemos
tan poco tiempo para vivir.

AMOR PURO

Te amo como una madre ama
a sus hijos, hace todo desde la infancia
hasta la vejez, para que ellos crezcan
como humanos, buenos,
con buena salud física,
con salud mental, con espiritualidad,
con compasión para los pobres,
los animales, los que están
al margen de la sociedad.

Te amo sin condiciones,
te amo más que a mi vida.
Una madre protege a sus hijos
contra esos matones que intimidan,
contra los enemigos, contra cualquier
forma de violencia en la comunidad,
en la casa de los llamados amigos,
de los parientes,
de la misma familia.

Te amo como una madre ama
a sus hijos, sin condiciones,
más que a su vida, una madre
ama con nada más que
amor puro.

RECLAMACIÓN

El mar reclama sus aguas
cada día, cada mes, cada año
por tsunami, por inundación,
por la lluvia sin parar.
El mar destruye las piedras,
las arenas, los cementos,
que cubren las pescas
y los corales y las plantas
de millas y millas de marina.
Y ahora ¿por qué dicen que
«reclama el mar»
para los condominios, las alamedas,
los edificios de negocio?
¿Quién reclama qué?

LA PUESTA DEL SOL DE MÉXICO

La puesta del sol de México
parece los colores de Frida
Kahlo y de Diego Rivera,
sus luchas y sus creencias,
sus matices de conflictos internos.
Atardecer con ellos es
un amor grande
y una turbación de ánimo.

El crepúsculo de México
abraza el cielo como
la lava del volcán de
Mt. Pinatubo que viajó
por todo el mundo,
sus cenizas cubrieron
el sol y transformaron
la puesta de sol en colores
muy intensos, como
la pasión de Cristo.

NO TE MOLESTES SI PAREZCO SORDA

Cuando dijiste que mis poemas no tienen
pasión ni compasión, que escribo nada más que
el penoso día de trabajo en casa,
que la mujer es una cosa de sexo,
una máquina de bebés, que no escribo nada
fuera de mujeres, mujeres, mujeres,
y para ti es pesado, pesado, pesado.

No te preocupes porque te perdono.
Pero no puedo abrazarte y olvidar
tus palabras para denigrarme,
pretendiendo que eres mi amigo con tu
«criticismo constructivo», mientras
convences a otros a creer o pensar como tú,
que nacido femenino o masculino eres
completamente misógino.
Prefiero fingirme sorda, y hallar paz
sin confrontación, en vez de empuñar
palabras de daño y odio, tu envidia
no me importa, si insultar
es tu placer, que sea alegre.
Yo, aunque nunca olvido nada,
puedo perdonar, y perdonar me liberará.

PASEABA NUESTRO PERRO

Cuando caí de la acera irregular
—débil de rodillas—, me di un golpe
en la cabeza contra el pavimento,
resultado: un ojo morado como en
un ring de boxeo. Buena suerte que
una piedra o un clavo no penetró en mi ojo.
Pero es nada, considerando los miembros de
los niños de las escuelas derramados
en los escombros por las balas y las bombas.

Cuando mi tía dio a luz a los gemelos
lloró muchas horas en dolor de parto.
Los gemelos fueron bebés prematuros en
la unidad de cuidados intensivos neonatales,
uno por un mes, la otra por dos meses.
Cada uno costó un millón de pesos.
Mi tía y su esposo pedían ayuda financiera.
Pero eso parece nada
cuando se compara con la situación
en la frontera bajo asedio, día tras día,
sin agua, sin electricidad,
sin suministros médicos,
donde las mujeres tienen cesárea,
ellas se encogían y lloraban cada siete
capas de piel cosida sin anestesia.

LA CARA DE HAMBRE

Un hombre con pelo blanco
piel grasosa y ropa sucia
se sienta en la acera,
abre una bolsa negra de plástico
para buscar comida,
halla una pequeña bolsa de papel
de *hot dog sandwich* y
huesa de *fried chicken*,
después tira la basura
en la calle y se lava
las manos en el canal.
Así es su vida.
No hay nada más que
desear o soñar.
Mañana se despertará, al
otro día, de otra hambre.

LOS PERROS SIN HOGAR

Caminan bajo el cielo gris
en medio de los escombros
de la guerra, del genocidio,
como si fueran ciegos
sin hogar, sin familia,
buscando alimento
para un hambre eterna.
Por fin, vea las calles,
derramadas con muertos,
muertos de bebés,
niños, mujeres, hombres,
viejos, algunos en harapientas ropas,
también muertos quemados,
desmembrados, desnudos.
Los perros sin hogar
comienzan a comerse muertos
para llenar sus estómagos,
después de una eternidad
muriéndose de hambre.

UNA PALABRA

Una palabra es una piedra.
Sirve como un primer pedazo
de casa, de refugio,
contra huracán y tsunami.

Una palabra es un puñal
que puede matar
o esculpir una madera,
una arcilla, una piedra,
un metal o hielo,
plantar frutas en un jardín,
con agua muy linda
para un alma cansada.

Una palabra es una pluma
que extracta una tinta roja
para curar el dolor del corazón,
tejer un cuento corto,
una novela, un drama
para dibujar una sonrisa.

Una palabra es un piano
que deja lágrimas y recuerda risas
en la lluvia y en el sol,

es una canción para todos
los que olvidaron respirar,
los que olvidaron vivir.

SUNKIST

Podrás decir que Sunkist
es solamente un gato.
Pero nació aquí
donde vivimos.
No merecía
morir por un conductor imprudente.
No merece
acabar en un camión de basura,
en vez de darle un entierro decente,
para enriquecer la tierra,
las semillas y los árboles.
Tenía hogar,
bebía leche,
nunca tenía hambre,
corría y jugaba con nosotros,
consiguió libélulas y luciérnagas,
hasta mató cucarachas,
ratas y serpientes,
pero nunca, nunca me los regaló,
porque sabía que
me asustan,
porque sabía que no los quiero,
sabía qué me gusta
y qué no me gusta.

Siempre charlábamos
nos entendíamos.
Otros gatos eran sus amigos,
otros perros también eran sus amigos.
Sunkist era parte de la familia.
No era un extraño,
no solamente un gato.

LA DANZA DE LA BRUJA
(2000)

CÓMO QUISIERA

Cómo quisiera abrazarte
    pero no lo hago,
cómo quisiera besarte
    pero no me atrevo,
cómo quisiera sentir
    el fuego de tu
    cuerpo desnudo,
    pero no puedo
porque eres la musa
    de la poesía,
eres dueño de mi fantasía,
eres un sueño.

PIENSO EN TI

Soy de polvo,
soy de tierra
cuando un avión explota en el aire,
cuando la tierra tiembla
y echa fuera serpientes,
pienso en ti,
madre de Dios,
madre mía,
señora del cielo.

También en momentos de triunfo
cuando estoy en fuego,
en el beso del amor,
y no sé si mi cuerpo es suyo
o su cuerpo es mío y mi alma se baña en la luz.

Pienso en ti
cuando miro a la más bella de las flores
en la cumbre de la montaña,
y cuando hablo con los perros
y lo que no conozco,
pero nos comprendemos.

En esos momentitos de alegría
soy de polvo,
soy de tierra,
como un unicornio
muy tierno en su fuerza,
en el regazo de una muchacha pura.

SOLAMENTE PLATICAMOS

Solamente platicamos
desde que se levanta el sol
hasta que duerme.

Platicamos sobre
la locura del gobierno,
la venta de los medios de comunicación,
sobre la lucha del pueblo
y la lucha de sexos.
Discutimos cómo realizar
la paz en el mundo
donde los padres quieren hijos
pero los matan después,
soñamos la paz
para que las madres no lloren
la destrucción de sus jardines.

Conversamos cuando estamos
comiendo, caminando, corriendo,
como si el tiempo no volara
entre un árbol y una flor,
entre una canción de una paloma
y el susurro de sus alas,
y el silencio de las estrellas.

Charlatamos también mientras
estamos bailando,
como si el ritmo no se pudiera parar,
fluyendo en nuestra sangre,
los pies se alzan al viento
hasta la última nota de una canción.

Ah, pero nunca
habíamos hecho el amor,
nos importa más que nada
la manera de vivir
para que no parezcamos
cactus gigantescos
en las cumbres de las montañas
que mueren de soledad.

No, no hacemos el amor
porque solamente platicamos,
tejemos un rebozo
para calentar nuestra amistad,
de la puesta roja
a la noche friísima
a la salida naranjada.
Y platicamos sobre un rebozo,
¿cómo no?

QUIERO

Quiero bañarme en la luz de tus ojos,
dormir desnuda en tus brazos oscuros.
Quiero viajar en tu banca
a los mares y a la luna,
nadar en el rocío y en la lluvia,
y con los sueños del amor
lavarme para enforzarme.
Tú que me conoces
como tú conoces tus deseos,
tus dolores, tus miedos, tus risas,
como tú conoces el fondo de mi corazón,
abrázame como si estuviera
tu alma en mi cuerpo,
como si fuera la eternidad ahora,
y ahora fuera eterno.

MÉXICO

El ocaso de México
es retrato de las aves
que pinta el cielo,
es una imagen del Quetzalcóatl,
de las rosas de Nuestra Señora
Santa María de Guadalupe,
de Zapata y de Pancho Villa,
símbolo de un país
que, a pesar del paro
y de la pobreza,
no quiere morir,
que no va a morir.

ESPAÑA

España, como no te conozco
quiero conocer tus sierras,
tus montañas, tus colinas.
Quiero conocer las raíces de los árboles
que rezan en las cumbres.
Quiero conocer el otro país
de nuestros héroes como Rizal y Luna,
la Mamá del pasado,
la Reina de Filipinas
que nunca nos abandonó.
Quiero entender los gritos de alegría
sobre la sangre de los pobrecitos toros.
Quiero oír las canciones de los gitanos,
comprender el fuego del flamenco.
Quiero ver las olas que abrazan las piedras
y escuchar el silencio de las estrellas.
Quiero conocer el sello en el escudo
de los siglos después de la derrota
de las armadas.
Quiero comprender por qué los colonizados
sueñan viajar a tu tierra
a pesar de la espada y de la cruz
a pesar de todo.

CANTAR AL HOMBRE

Cantar al hombre
es cantar a nadie,
porque él farfulla
espumas de valor
envolviendo cobardía,
de ideas abstractas,
ensueños, ilusiones
y caza en la selva,
desnuda las montañas
y sacrifica su familia,
sus niños del cielo,
pinta la tierra
con lágrimas amargas
y sangre de las sangres.

Cantar al hombre
es cantar a nadie,
porque piensa con
una cabeza en las nubes,
con su estómago,
con su nido de ave,
con sus muslos, y
después con su estómago,

su nido de ave,
sus muslos, y después…

Y como no podemos
hablar de su virginidad,
su fidelidad,
su pureza,
las cosas más importantes
para las mujeres,
en cualquier país,
en cualquier época,
cantar al hombre
es cantar por nada.

ÉL DICE QUE LA QUIERE

Él quiere su cabello,
luminoso de las estrellas,
sus ojos, dos gotas de agua pura,
sus mejillas, un par de macopas,
su nariz, un pétalo de sampaguita,
sus labios, una copa de cerezas.

El sueña de sus pechos,
dos palomas en un nido,
de sus brazos, ramas de uvas,
de sus manos, mariposas tranquilas,
de su cintura ceñido de la luna,
encima de un volcán
que ha estado dormido
por cuántos siglos,
de sus nalgas, lomos tiernos,
de sus muslos, troncos
suaves de palmeras,
de sus rodillas, jazmines gigantescos,
de sus piernas, tajadas deliciosas,
de sus pies, gallinas antes de cocer.

Él dice que la quiere.
Y ella, que no sabe nada,

suspira de inocencia.
Ha estado trabajando
desde que nació,
sin tiempo para soñar,
y está en la carnicería.

FRIDA

Sufrió una vida sin amor;
y mi marido llena
mis lágrimas secas.

La presencia de una mujer
u otra y otras más
está en mi cama
(la cama donde nacieron
mis niños muertos),
sus cuerpos cubiertos
por los besos de mi marido
y cuando él está cansado,
duerme con sus labios
en el pecho de su querida
—pecho blanco, pecho negro,
pecho moreno, pecho rojo.

Sufrió las noches cuando
los amantes desconocidos
penetran mis sueños
en los mismos tiempos
cuando mi marido
suplica perdón,
me echa versos

hasta sus canciones
caen en mi alma.

Pero no, nunca
ha sido mío
su corazón entero.

Somos dos mundos separados:
él en sus gemas oscuras,
en sus piedras estéticas,
en sus pinturas duras como cebo;
yo en las nubes,
en las alas de mariposas,
desnuda en el nido de mi cabello
desplegado, despeinado,
del color de medianoche,
soñando de mis amantes desconocidos.

Sufrió mi amor y mis amores;
ya llegamos a la puerta del cielo
o al fuego del infierno.

REVOLUCIONARIAS

La cara de las revolucionarias del 1898
es solamente una cara de mujer
—Tandang Sora como madre y enfermera,
Gabriela Silang en su caballo,
Teresa Magbanua en su uniforme—

una guerrillera furiosa en humo.
Pero había también mujeres de silencio
que día tras día cocinaron, limpiaron, dieron a luz infantas,
sufrieron en la noche
como la lluvia cae en la puesta de sol,
invisibles en la historia,
soldados de la vida y no de la muerte.
Las filipinas de hoy son, más o menos,
las revolucionarias de ayer.

REZO

¿Y tú también? Nadie te comprende.
Dicen que no entendiste la lucha de tu hijo,
que dejaste y no ayudaste.
Dicen que no eres virgen,
porque es imposible
estar embarazada
y continuar virgen,
que la Asunción es una mentira,
que no existes, no existes, no existes.

Dicen que no tienes derecho
a sentarte al lado de tu Esposo,
que no eres la madre verdadera
de Dios ni del Cristo,
que hablas solamente por Jesús,
que tu palabra es su palabra,
tu acción es su acción,
tu lugar es más bajo del trono,
sin poder de salvar a nadie, ni nada,
sin voz propia.

Ah, Virgen, Nuestra Señora,
ayúdanos, por favor,
como ayudas a tu hijo.

Te pedimos perdón,
concédenos salvación.
Como eres una mujer,
nadie te conoce
pero, sí, te conocemos,
y como tú estás
en nuestra mente
y en nuestro corazón,
madre de Dios,
madre de todos
y de todo el mundo,
mujer de las mujeres,
existes, existes, existes.

LLUVIA

El corazón es una copa de tormenta,
a veces un mar insondable de lluvia tranquila.
Mi padre se fue como una estrella que cae en la madrugada
o como un ave que desaparece un tiempo en el paraíso
perdido.

Mi madre toca el piano por la noche,
ante un gran padre, un artista verdadero, un buen amigo,
ante la luna de la vida que brilla y ofusca.
El piano canta mientras un ave vuela en el silencio

y acompaña el celaje celeste.
Desparrama un aroma de sampaguita
—la flor de Manila, de color paz universal—
la esperanza de todas las estaciones de la lluvia.

VIDA

¿Cómo vivir sin eso?
Eso que cae en la lluvia
y en el arroyo de la luna,
que se baña en el líquido del sol,
corre en el río,
nuda en el mar,
se inunda de sueños,
respira en la sangre
que fluye en las venas:
la imaginación está
en las aguas que dan a luz
la vida.

FLORES

Camino hacia el crepúsculo bajo la sombra
de los árboles que son de verdad verdes,
altos y fuertes, compañeros de las flores.
Y las flores me miran, se balancean en el viento
como si afuera el cielo
no supiera llorar.

Decidme vuestro secreto, flores de mi infancia,
¿cómo oléis de inocencia
y siempre contáis de madrugada,
en la puesta del sol,
y por la noche, en la tormenta de mi vida?

BAILA CONMIGO

Baila, baila conmigo, venga,
abrázame con ternura,
abrázame fortísimamente.
Eres el enfermero que disuelve el dolor,
eres el poeta que me teje sueños,
eres el brujo que me cuenta la luna
que sabe la historia de mi corazón.

Baila, baila conmigo, venga,
abrázame con ternura,
abrázame con mucha fuerza,
saboreemos la música, la armonía,
olvidemos todo afuera del fuego,
del viento refrescante,
de la tranquilidad de este momento.

CABALGANDO LA LUNA LLENA
(2008)

LUNA LLENA

¿Qué me cuentas, luna llena?
dime, ¿qué me cuentas?
Musa de mis sueños,
libro de amores y tragedias,
pozo de secretos y misterios,
espejo de mi alma,
eres la luz que borra
mis ansias y angustias,
que ilumina el caminito,
o el camino verde,
en la oscuridad de la noche.

LLAVES

Tengo llaves para ti,
si quieres traer todo
eso significa que
me comprendes mucho
y hay promesas
como eternidad,
o algo así.
Si quieres solamente una llave,
no más, por ejemplo, mi cuerpo,
para probar un paraíso
en la imaginación
o en la tierra;
una llave a mi mente,
para caminar en un jardín
de varios árboles y varias mariposas,
donde las aves vuelan
—a veces no le ponen nerviosa
a la gente las ideas nuevas—;
o a mi corazón,
para sentir el ritmo
y la música de bailes;
o una llave a mi alma,
para subir a la cumbre
y conocerme en entero.

Aquí tienes cualquier llave
para una tormenta
o un tiempo de paz,
para cada momento en tu vida,
me da igual.
Y como somos amigos,
para siempre,
traer una llave de vez en cuando
es más fácil
que traer todas las llaves
todo el tiempo,
porque así es la realidad,
lo que es permanente
es el cambio sin parar.

MOMENTOS CONTIGO

Una flor bailando al sol
da colores a la orilla blanca
y al cielo ceniciento,
da colores a la vida.

Una flor bajo la luna
suspira un rezo y un silencio
de una pasión pasada,
suspira los momentos contigo.

UNA FLOR

Lo que te gusta es algo imposible,
soy una flor del pasado,
durmiendo, soñando en ti
en un camino eternamente verde,
bella para siempre
como si nunca fuera a envejecer.

Soy una flor que no puedes tocar,
porque desde que te fuiste
he estado muy lejos de ti,
extraña, y una extranjera
es una estrella desconocida.

MADRUGADA

Me desperté esta madrugada
y no podía dormir más,
estaba pensando en ti,
como estabas pensando en mí.

¿Por qué nos gusta estar juntos?
¿Por qué estamos felices aunque
no hablamos y nada pasa?
¿Por qué queremos tocarnos, besarnos,
abrazarnos con todo el fuego del sol?

Flotas en la nieve muy blanca
y en el viento friísimo,
nado en el río, al lado del volcán,
y en las algas del mar caliente.
Lloras en el crespúsculo,
canto las flores de madrugada.
Sueñas de un amor eterno,
sueño de amores de momentos.

Somos de dos mundos apartes,
pero hablamos una lengua como
esperanto, que no es esperanto,
y nos encontramos en una galaxia
lejana de almas jóvenes.

ME PREGUNTAS SI TE QUIERO

Me preguntas si te quiero.
Sí, te quiero porque me quieres.
Nos encontramos en un sueño,
Nos besamos como las plantas
cuando están en plena floración
y provocan las nubes a llorar.

Sí, te quiero, ¿cómo no?
A veces como un amigo fiel,
no hay que pretender
que tú no eres tú ni yo soy otra,
nos platicamos toda la vida
como si no hubiera un mañana.

SOR JUANA INÉS DE LA CRUZ

Te fascinó aprender muchas cosas,
tú, la niña de México,
en los años mil quinientos,
cuando la educación para las mujeres
significaba cocinar, cocer y lavar ropas
y, encima, ser silenciosa.
Te encantó saber todo
del cielo y de la tierra,
más que escuchar las promesas
y las palabras dulces de los hombres.
Te interesó ser prisionera del convento,
para leer en la biblioteca
y buscar respuestas a mil cuestiones,
más que bailar o cantar
en la corte del rey,
donde fuiste una bella flor,
tú, criolla de parientes desconocidos,
fuiste una gema nativa, rara y pura.

Nadie te conoció
fuera de tus amigos y del Dios,
nadie te perdonó
fuera de tus amigos y del Dios,
y cuando los oficiales de la iglesia

te forzaron elegir entre
continuar como una monja
y continuar escribiendo literatura,
estabas luchando la batalla de los sexos,
estabas luchando contra los poderes religiosos,
y elegiste, con mucho dolor,
la soledad de tu fe.
Y así sin escribir una palabra más
serviste a los pobres y al Dios,
hasta morirte en los brazos de los enfermos.
Pero nunca murió tu poesía,
no, nunca han olvidado
a la poeta del siglo.

CUANDO VUELVES

Cuando vuelves muchos años después
nos vemos, no sé cuándo,
si en la luna llena
o cuando las flores de los árboles
llamean en la lluvia.

Nos vemos, no sé dónde,
si en la sombra
de un jardín precioso
o en la orilla del mar
mojada por los besos del sol.

Cuando vuelves nos vemos,
por cierto, nos vemos,
reímos, abrazamos, nos besamos
como amigos viejos,
quizás como amantes perdidos,
recordamos todo lo que ha pasado
y, sí, sabemos cuándo
y, sí, sabemos dónde.

ISABEL

Eres la compatriota de los chilenos,
del país larguísimo
de las montañas tortuosas,
de los mares ricos y lánguidos.
Eres la compañera de las víctimas
de la tormenta bajo los fascistas;
la hermana de las mujeres del mundo
que caen por el puño de los machos
sin protección de sus humanos derechos,
ni en la cama sagrada por un matrimonio
ni en las letras de la ley.

Eres el ángel de los niños
que lucha contra la violencia
de todas las formas;
la madre de las madres
cuando sufriste los últimos
días de tu hija Paula,
que estaba muriendo mientras
te sentaba la esperanza sin esperanza
el grito del alma, la angustia
sobre la ignorancia de los médicos.
Eres el retrato de paciencia y compasión,
y en vez de gastar tiempo en las cortes

escribiste la indiferencia del hospital,
recordaste los momentos con tu hija,
desde la primera vez que ella vio la luz
hasta las horas que soñó con las estrellas.

Como muestra en sus obras maestras,
eres la misma personificación de un corazón
que ama la paz, que trabaja
infatigable para la paz,
para callar la voz de las armas,
para parar el ciclo de violencia
con un rezo y con una fe,
con mucha confianza en la humanidad,
con un amor grandísimo
que puede cambiar el mal,
puede realizar lo imposible.

NO TE DOY NINGUNA PROMESA

No te doy ninguna promesa.
Es bastante que en este momento
te quiera como me quieres,
todo cambia y no te controlo
y no puedes poseer nada de mí,
ni mi mente, ni mi alma,
porque mi corazón es lluvia
que cae bajo el sol y bajo la luna
sin saber cuándo o dónde,
besa todos los árboles,
todas las mariposas,
cae en la tierra seca
para que las plantas crezcan,
cae en los ríos para los peces,
cae para limpiar las lágrimas
de los niños y las mujeres,
negros por golpes,
cae como música a los pobres,
que no pueden dormir sin comida.
No te doy ninguna promesa,
mi amor, porque mi corazón
abraza todo el mundo.

CADENA DE AMOR
(2017)

CADENA DE AMOR

La cadena de amor
es un rosario de mis amores
—padres, hermanos,
hijos, nietos,
amigos, amantes,
y también los gatos,
los perros, las aves
que llevan al cielo,
la canción de libertad
y la paz, toda
la naturaleza
que apoya la vida,
desde el grito
del recién nacido
hasta el último
suspiro del anciano.

La cadena de amor
siempre crece,
donde quiere,
cuando puede,
sin fragancia,
solo con su belleza
bajo el sol.

Son pequeños
pedazos de gracia
y bendiciones eternas,
echa mil cuentos,
mil secretos
y mil besos.

NUNCA HE COMPRENDIDO EL TOREO

Nunca he comprendido el toreo
—el entusiasmo, la alegría,
la manía por la sangre.
¿Por qué hay que
torturar al toro inocente
hasta que sangra y
le ponen loco? ¿Por qué
quieren matar a los toros,
creaciones puras de Dios?
El toro ve roja
el color de la sangre,
el símbolo de la vida,
la vida suya que
ninguno puede quitarle.
Es un animal solo en la
arena, donde la gente grita,
como demonios, no como humanos.

TE QUIERO

Te quiero, ¿cómo no?
mi amor es más alto que
el vuelo de mariposa,
más alto que el fuego,
más alto que las nubes.
Te quiero, ¿cómo no?
aunque me preguntes
y te conteste con silencio,
porque no sé cómo lo explico,
no sé si me comprenderás
cuando veas una belleza
con ojos ciegos,
y no te guste despertar
de un sueño de dos cuerpos
que están haciendo el amor.
No me gusta ser
el centro de tu vida,
no puedo ser
prisionera de tu corazón.
Pero mírame a los ojos
y vas a creer que
te quiero, amigo,
te quiero más que nunca
con mi alma, amigo,
con mi alma, amigo.

MARIPOSA

Una oruga verde y gorda
con rayas delgadas de color amarillo
se adhiere a una ramita
de un árbol pequeño de limoncito,
se mueve lentamente y
come muchas hojas del árbol.
Un día, en vez de oruga,
lo que parece un papel está en la ramita,
delgada, sin una vida
que un viento ternura pueda soplar.
Unas semanas después,
el rincón blanco se rompió,
la parte de color chocolate
se queda en la ramita
y al lado de la oruga,
abajo de la ramita,
es una mariposa muy linda!
Unos minutos más,
la mariposa tiembla
con su vida nueva,
poco a poco abre sus alas
y de repente alcanza
arriba de la ramita
y vuela rápido

enfrente de mi cara
y se descansa en el muro,
aspira la brisa pura y fresca
de la madrugada,
acumula fuerza para
volar tras los muros
allí más altos,
para averiguar
flores, frutas y árboles,
para conocer otras mariposas,
para saborear libertad.

No sé si la veré otra vez,
pero no importa,
porque sé que me visita
llevando el espíritu
de mis parientes,
y cuando el sol ilumina
encima de una capilla,
de una cueva
o de una pirámide
la forma de mariposa,
la mariposa muestra inmortalidad.

ALLAMANDA DE LA VIDA

Está allá en el viento
sus ramitas entrelazando
la valla de alambre,
sus hojas verdes
y sus pétalos amarillos o blancos
o rosas o lilas bailando
en el cielo gris.
¿Qué flor es que sigue y
sonríe en el puño de los más
feroces de los temporales?
Es como ninguna flor
o persona que muera por dolor.

Allí está en el sol,
no se marchita como las
demás cuando la tierra
sin agua ruptura,
cuando no crece la planta
en una estación sin lluvia,
cuando no hay paraguas de nubes
para la orquídea,

cuando el sol enciende
los bosques en fuego.

Esta es la vida de allamanda,
allamanda de la vida.

LA LENGUA DE LAS MANOS

Empieza con un apretón de manos,
luego, un toque de ternura al cabello,
a la mejilla, a la oreja, a la nariz,
después, un roce a la espalda,
la mano sigue deslizándose hasta la cintura,
a la cadera, al muslo, a la rodilla,
todo en silencio como una noche
caliente, sin desierto en fuego,
sin lluvia y sin sueño,
una noche donde la luna
duerme en las nubes.
En una noche como esta
voy a recordar cómo
las manos andan, corren, bailan, cantan
en las colinas del pecho,
en el río de las piernas,
en un bosque escondido
exuberante con olor a flores salvajes…
Y yo casi me caigo a tus pies
cuando solo las manos
hablan en su lengua,
pero no caigo como tú.
Te caes a mi lado
como las estrellas
desaparecen con el alba.

TE QUIERO SÍ, TE QUIERO NO

Te quiero sí, te quiero no,
te quiero sí, te quiero no,
ahora digo sí, luego digo no,
hoy es sí, mañana, no,
siempre me preguntas si te quiero,
sí, no, sí, no, sí… ¡no sé!

Lo que es cierto es que
me gusta tocar el piano,
me gusta hacer fotos de las flores,
de las aves, de las mariposas,
de la madrugada, de la puesta de sol,
me encantan las formas de los árboles
que se alargan al cielo,
me fascinan los colores del mundo,
me interesa hablar con los gatos y con los perros,
me gustan algunos de tus versos
y me alegran tus canciones.

Pero aunque no puedes bailar conmigo,
tu piel está suave y fresca en mi piel,
tu cuerpo huele bien,
y cuando me miras con tus ojos ardientes
deshágome en lágrimas.

Solamente caminamos
mi mano en tu mano
hasta el fondo de la lluvia.

No puedo vivir en un sueño
que se consume lentamente
como el pasado que se trata
como un futuro improbable,
como deseos que no pueden encender
decenas de miles de estrellas
que caben en una noche.

Pregúntame además,
de si te quiero o no,
de cómo estoy en medio de amor e indiferencia
esperando a una luna embarazada,
eso es, y sabes que estoy loca.

CRÉEME O NO

Créeme o no, te amo
aunque no te abrazo a menudo
si la noche está fría,
no te beso con una lengua ardiente
porque tengo miedo de los gérmenes,
no te toco en algunas partes de tu cuerpo
donde una virgen no se atreve a tocar,
no te llamo por teléfono
para preguntar cómo estás,
o a qué hora volverás a casa,
o con quién estás a las cinco de la mañana.

Créeme o no, te amo,
nos interesan la música, el baile,
la literatura, las películas
y los problemas sociales y la política;
porque me apoyas en mis proyectos,
no hablas maldiciendo;
porque tiras la basura,
de vez en cuando cocinas,
limpias los platos, los vasos, las ollas
y el lavabo, el baño, el inodoro;
tienes ganas de entender el feminismo;

y encima apoyas a mi madre,
y la amas como tú amas a tu madre.

Créeme o no, te amo,
como la flor necesita el sol,
como las plantas quieren la lluvia,
como un bebé busca la leche de su madre,
como el sol sigua la luna.
Hemos pasado enfermedades,
tifones, inundaciones y terremotos
desde la juventud hasta envejecernos,
y hasta ahora me miras así
con admiración y deseo.
Y por eso, créeme o no,
te amo, te quiero, mi amor,
a mi manera, callada.

EL DÍA QUE LOS POETAS PASEARON

El día que los poetas pasearon por el *e-jeepney*
los aviones en Europa no pudieron volar
porque un volcán islándico se despertó
de un sueño, tal vez un sueño que se rompió,
escupiendo ceniza 30 kilómetros al sol.
Y nosotros poetas en dos *e-jeepney* charlamos,
recordamos versos memorables y las gemas de la Biblia,
los escritos literarios, la literatura de la vida,
el sol escondido en las nubes, los capullos
en los árboles estuvieron esperando a la lluvia después
de meses muy calorosos y secos,
también escuchamos nuestras palabras insignificantes
y las canciones de las aves fuera del *e-jeepney*,
las aves que bailaron en el cielo azul,
en el silencio del vehículo, único tipo,
sin humo, sin máquina, sin ruido.
Sentimos que contribuimos a asistir a nuestro planeta
respirar, creímos que podíamos mejorar
la naturaleza y toda la vida aunque solamente
por un poquitito momento y en pequeños
lugares de Metro Manila, aunque no fuera
algo como los aviones, los monstruosos
de la polución, que ahora duermen en la tierra.
El día que los poetas pasearon por el *e-jeepney*

pareció un día sin tráfico, porque el vehículo
no puede correr rápidamente, pareció un día
muy claro y tranquilo, pareció que sí
podemos ver un universo como un verso.

¿CUÁNTAS VECES?

¿Cuántas veces te he dado gracias,
Madre de Dios,
Nuestra Señora de Guadalupe,
por mis abuelos, mis padres,
mis hijos, mi esposo,
todos mis parientes y amigos,
por su amor y su apoyo,
por todos los amores que pasan en mi vida?
¿Cuántas veces me di cuenta
que nunca estoy sola en este mundo,
que hay muchas más personas
que son miserables, hay muchas más
que no comen, que viven en la lluvia,
en la nieve, que caminan sin zapatos,
sin hilo sobre sus espaldas?
Y los desaparecidos, las madres
que no saben dónde están
sus padres, sus esposos, sus hijos
o si ellos viven todavía.
¿Cuántos rezos llenan el aire?
¿Cuántas lágrimas hacen
más oscuras las nubes?
¿Cuántas lágrimas enrojecen

el cielo donde las nubes corren
rápidamente antes de la tormenta?

Siempre cuento mis ventajas,
los regalos que me das,
siempre doy gracias a la vida
cuando estoy contenta
y cuando mi corazón pesa mucho,
cuando estoy dentro de una capilla
y cuando estoy en mi casa
o en un jardín o en una
plaza llena de niños.
Pero ahora, ahora,
Madre de Dios,
Nuestra Señora de Guadalupe,
ayúdame, por favor,
te suplico que pueda llevar
esta montaña de melancolía,
una tristeza que nadie más que tú
sabes, porque eres una madre,
eres la madre de las madres.

AQUELLA NOCHE

Aquella noche que te marchaste
estaba esperando en la orilla del mar
caminando, pensando en el momento
cuando nos veamos otra vez
caminando, esperando hasta las estrellas
durmieron en silencio sin decir adiós.

Lloré un mar de lágrimas secas por unos
días después que no viniste porque
me di cuenta —no sé cómo—
que no volverías más, aunque
creímos que caminaríamos
en la orilla del mar por toda la eternidad.

Ahora vuelves, de repente vuelves,
y quieres entrar en mi corazón.
Qué no, amor, nunca jamás, amor.
Desde que te fuiste, he caminado
en otras orillas, he sentido otros manos
en un mundo lindo. Mira,
mira el mar en mis ojos.

BAILO COMO QUIERO

Bailo como quiero, mientras puedo,
soy un cisne airoso en un lago,
soy un pez nadando contra la corriente,
soy un ave volando a ras del cielo,
soy un fuego llevando un deseo,
soy un rezo como un grito
o un suspiro dando gracias a Dios.

Bailo como quiero, mientras puedo,
hasta el aire me sorberá,
hasta me perderé en el mar,
hasta el fuego me consumirá,
hasta me quedaré con raíces en la tierra
como un árbol fragante,
hasta yo caeré bailando,
bailando al fondo de una flor.

EL MAR

Viví en un mar pequeño por nueve meses
en un clima que no es frío ni es calor,
y vi la luz cuando
las flores empezaron a florecer.
El aire me sorprendió
y busqué el consuelo de mi madre,
el sabor de la leche de mi mamá,
un agua caliente, un agua desde el mar,
que conocía porque allí había vivido.
Luego, me reí con alegría
cuando mi madre me bañó.
Cuando mis padres me lo permitieron
me volvía loca de contento jugando en la lluvia,
me mojaba hasta los huesos,
bebía la lluvia,
miraba las gotas de agua en una charca,
donde las aves se mojaban,
el agua iba rodando en la cascada,
en los ramblones, en el lago,
en el arroyo, en el río,
en todas partes que corre al mar,
el mar que es mi casa.

CUBA

Cuba en mi mente,
Cuba en la imaginación,
isla pequeña
con grandes triunfos,
una tierra que nunca
he visitado
pero, sí, bebo
Cuba libre,
bailo con pasión
el mambo, la rumba,
el cha-cha-chá
y la salsa,
escucho el sonido
de tambor
africano, conozco
su música, sus
canciones lindas,
sus poemas
de luchas y amores,
que borran lo distinto
entre la gente
blanca y
la gente negra.
Nunca he encontrado

y tal vez nunca
encontraré a
Fidel Castro,
el padre de la
revolución cubana,
héroe, mi
abuelo, no importa
si la iglesia
católica le proclamó
excomulgado,
él se levanta
más alto que la más
alta de las iglesias.
En mi sueño
voy a caminar
sus arenas blancas,
en el viento de las palmas,
en el suspiro de las conchas,
en el ritmo de la marimba
y de las maracas
que derraman
en las calles
y las plazas calurosas,
voy a abrazar
Cuba en mi mente,
siempre en mi mente.

ESTÁ LLOVIENDO

Está lloviendo esta noche fría,
lloviendo lentamente sin parar
acumulando cien años de soledad,
estamos en la cumbre del mundo
donde las horas no las hay,
ni el sol ni la luna.
Nadie cuchichea, nada se mueve,
y todos rezan por una cosecha buena.
Me das besos de mi pelo a mis pies,
nos abrazamos fortísimo,
las aguas corren en tus muslos tensos
y siento una lluvia caliente dentro de mí.
Lloro un mar de alegría
porque te amo más que nunca,
también lloro un río de tristeza,
porque tú me conoces más que nadie,
porque mañana todo esto se desvanecerá,
como otros mil momentos contigo,
y cada vez que hacemos el amor
crezco en alas y vuelo, y
la lluvia se queda en mi corazón.

MARÍA LA DEL BAILE

Hay una mujer que se llama
María la del baile.
Cuando está en su casa
no tiene deseos de comer
ni de caminar,
usa una silla de ruedas,
se queda en su cama
casi todo el día,
y le duele la cabeza,
le duelen las piernas,
tiene dolor de riñones;
aunque a veces lee un libro
y mira la tele,
le duele todo.

Pero cuando baila
es una flor, una brisa, un ave,
una mariposa, un agua
que posee movimiento gracioso
y parece ingrávida,
es como una cometa,
como el sol que eternamente gira,
sobre todo es un fuego.

Ella baila cuando está triste
—su perro está enfermo
o su gatito está perdido
o las libélulas se han marchado
desde su jardín—,
también su corazón sangra
por los niños abandonados,
por los viejos olvidados por sus hijos,
por las víctimas de la violencia doméstica,
por los muertos de calamidad.
Baila como si no hubiera mañana,
y no tiene ningún problema.

Ella baila por alegría,
cuando está enamorada
y cuando no está enamorada,
cuando ve los colores mágicos
de madrugada o de la puesta de sol,
cuando realiza sus sueños,
cuando oye la voz de un bebé
como una esperanza del mundo,
María se desliza, se remonta, reza
y da gracias a la Virgen
con todo su cuerpo y su alma,
por una fe más fuerte,
por un deseo vehemente de vivir.

María la del baile,
baila dos veces por semana,
baila toda por su
vida de ochenta y siete años.

MACHISTA

Al principio del matrimonio
él trata a su esposa como
un ángel, una princesa,
una rosa, un cristal,
una cosa valiosa.

Poco a poco, él cambia
y manda a su mujer
que no puede mirar a otros
ni permitir que otros hombres la miren.
Ella no puede vestirse
o tener amigas ni amigos,
incluso las homosexuales,
y no puede salir de la casa
sin la aprobación de su marido.
Cada vez que ella le desobedece,
o da razones,
ella recibe bofetadas,
y él rasga sus ropas
y rompe sus zapatos.

Luego cuando no le gusta la comida
él la tira al suelo,
e insulta a ella y a su suegra.

Él gana mucho dinero
pero da muy poco a su mujer
para ir al mercado
o ir de compras,
y encima, insiste en ver la cuenta.

Cuando todo esto no es suficiente,
si ella le busca a medianoche
o ella le pregunta por qué
él no duerme en su casa,
la empuja al suelo, aunque
esté embarazada de ocho meses,
él cae en pura mierda en su cama,
y mientras mueve una pistola
en el cuello de la pobre mujer,
la viola sexualmente.
¿Su excusa? Él no recuerda nada,
porque estaba muy borracho.

Ella llora, siempre llora,
y un día corre a la iglesia,
y cada mañana asiste a la Misa,
y pide perdón para su marido,
reza porque cambie.
Reza cada hora y acepta
la crueldad de su esposo,
porque el cura le dice que
un desacuerdo entre esposos
es muy normal,
y como él es su marido

no puede separarse,
y como Cristo, ella tiene
que sufrir y llevar una cruz en su vida,
y su marido es su cruz.
Ahora no reclama, se queda silenciosa
y con una sonrisa.
Está en paz, porque cree que su papel
es llevar la cruz que Dios le ha dado.

MIRASOL

El mirasol está muy lejos de mi casa,
se hace un nido entre las yerbas
en el pie de las montañas.
Lleva consigo las mariposas, las libélulas,
las aves en el medio del viento fresco,
jugando en el sol, viviendo la libertad,
y después, cansado de mirar al sol,
se relaja bajo la luz de la luna,
duerme como las estrellas,
sueña una vida pura
en las ciudades con árboles y jardines,
sin polución, sin aviones, sin ruido…

El mirasol está muy lejos de mi hogar,
está muy lejos de mi juventud.

FILIPINA

Soy filipina,
vengo de Filipinas,
archipiélago de 1700 islas
y cuando la luna se engorda,
unas islas desaparecen,
archipiélago de unas 98 diferentes lenguas
filipinas y muchos dialectos.

Soy filipina,
corre en mis venas,
por la parte de mi padre,
la sangre de un fraile español
y de una nativa filipina
y también, por la parte de mi madre,
la sangre de un chino de negocios
y de una filipina indígena.

Soy descendiente
de una tribu valerosa y vagabunda,
tal vez de Mindanao,
donde un estrecho ancho
lleva el apellido de mi padre.

Mis abuelos trabajaban muchísimo
en sus tierras agrícolas

para alimentar a sus hijos,
y para darles una buena educación
sin dejar la creencia en Dios
ni la fe en las diosas paganas,
sin olvidar los cuentos míticos,
las epopeyas, las canciones folklóricas,
las costumbres tradicionales.

Por eso, valoro cosas filipinas
mientras me alegran las películas
de China, de España y de Hollywood,
tengo muchos amigos chinos
y amigos hispánicos y amigos gringos,
amigos donde en sus venas
también corre una mezcla
de sangres internacionales.

Donde quiera que viajo,
hay gente buena y hay gente mala
pero, claro, tengo amigos para siempre
en países extranjeros,
porque en cualquier país
la naturaleza es bella
y el humano es así,
como los demás
que quieren la flor, el vino y la música.

Y como soy filipina
producto de muchas culturas,
hay un hogar para mí

donde estoy por un período fugaz,
y todo el mundo es mi país.

Pero aunque eso es,
soy filipina
a pesar de la pobreza
de los crímenes
de la negligencia del ambiente
de la corrupción del gobierno
de la violación de los derechos humanos
de los viejos, de las mujeres, de los niños
de la intromisión de las iglesias en la política,
a pesar de todos los problemas,
nuestras cascadas son majestuosas
nuestras flora y fauna bellísimas
nuestra gente sin disciplina
sobrevive con sentido de humor,
muestra *bayanihan* cuando es necesario
apoya abuelos y nietos
y venera a los viejos.

Los filipinos beben mucho, bailan mucho,
cantan mucho, y aman con pasión.
Soy filipina de las islas Filipinas,
Filipinas de mi corazón,
Filipinas de mi alma.

MARÍA SABINA

En las montañas de Oaxaca
país de las nubes,
María Sabina, curandera
del cuerpo y del espíritu
viene de la Sierra Mazateca
donde florecen los hongos,
sus niñitos sagrados,
ella habla con ellos
reza con ellos
recita poesía con ellos
y con ellos muestra
un mundo mágico,
lindo, alucinógeno,
nada más quiere saber,
por nada más debe quejarse.

Pero la gente mazateca
no conoce a María Sabina,
y la acusa de vender
a los gringos
el secreto de los hongos,
y de destruir la cultura indígena.
La pobrecita curandera y poeta
muere de hambre

sin cama, sin casa
a pesar de su fama como ídolo
de los hippies y de la Beat Generation.
María Sabina todavía vive
en las feministas de hoy.

NO SOY UNA MUJER SOLO DE UN PAÍS

No soy una mujer solo de un país,
sino ciudadana del mundo,
sin bordes, sin buques de guerra
en la costa, sin aviones militares
que espantan las aves y
oscurecen el cielo.
No quiero luchar para los ricos,
ni para una nación,
porque así empieza
esta pugna de unos contra otros.
No soy una mujer solo de un país,
sino miembro del pueblo,
cuyo sueño es la paz del mundo.

ME MIRO

Me miro como nadie me mira,
no con los ojos del hombre
que me reduce a un objeto en cama
o me borra a ser menos que una sombra,
o como una imagen de virgen,
o una estatua plástica o de piedra
con máscara de maquillaje
como un producto de comercio.
Me miro como una mujer
que está satisfecha con su cuerpo,
su mente, sus sueños,
con los ojos de nadie más que yo.

EL DÍA DE LOS CORAZONES

El día de los corazones
recuerdo mis abuelos
y mis padres, con
sus ojos y sus manos
me amaban sin condiciones.
Pienso en mi marido
y en mis hijos que
siempre me apoyan.
Pienso en mis nietos,
me abrazan y me besan
con toda su inocencia
y con la alegría de conocerme.
Recuerdo mis perros y mis gatos
que dejaban pasar a mi lado
toda su corta vida.
Pienso en mis parientes
y mis amigos y, sobre todo,
en Dios y en la Virgen
que me perdonan y me dan bendiciones.
¿Por qué se necesita
un día de los corazones?

MEDELLÍN

Medellín de las colinas
y de las flores
donde el sol nunca quema la piel,
y la música y la salsa
calientan toda la noche
hasta que despierte el sol.
Las mujeres en la calle
llevan sonrisas como un jardín bendito,
los soldados jóvenes rezan en la catedral,
y los hombres ancianos
arreglan flores en el mercado,
cuando la gente sigue soñando
sobre la paz, que la guerra contra la droga
cesará, que las armas serán flores
y que los árboles crecerán para las aves.
Cuando el sol tiene sueño
y se retira detrás de las sierras
que alcanzan al cielo, y las estrellas
se derraman en las montañas,
Medellín es una promesa de canciones,
y de cien mil palabras de poetas.

LLEVO

Llevo un sombrero de la luna
en tu ausencia para soñar de ti,
llevo un mantón de la lluvia
para que pueda oír tu voz.

Llevo un colorete del sol
cuando estás a mi lado,
una pulsera de flores
en el silencio de mi alma.

SOY
(2023)

LA MONTAÑA Y EL MAR

La montaña es una noche
donde las estrellas están
muy lejos,
más,
más,
más lejos que un sueño,
donde un sueño no puede
halagar las estrellas.
La montaña abraza mi soledad,
el silencio y el frío saben
por qué estoy solitaria.
Desaparezco en el fondo
de los árboles
que me dan fuerza, en el cuerpo
y en el espíritu,
pero es difícil
bajar de las nubes,
pasear en el mundo,
comunicarse con la gente.

El mar, al otro lado,
baila en el viento,
se relaja en el sol,
espera a los buques

de varios puertos
que llevan la riqueza
de los países,
las canciones
de las nativas,
los colores del repentino
sol del cielo
en todas las playas.
El mar es la memoria
sin olvido.
Los humanos siempre
están por acá y por allá.

EL DÍA DE LOS ENAMORADOS

Es un retrato de rosas
o de cualquier otra flor,
de chocolate, de pastel
—bueno, un tipo de amor—
de regalos que se compran
en un almacén.
Es también una cena
a la luz de una vela,
como oscureciendo el crepúsculo
en la noche de los muertos.

DOLOR

¿Cómo expresar el dolor
cuando mi gran amigo se fue,
y se llevó con él las canciones de nuestra
vida que nos cantábamos
desde la sonrisa de la madrugada hasta
una gota de lluvia en la puesta del sol?

Dime, ¿qué voy a hacer
si no puedo llorar mi sufrimiento
que es como una roca en el corazón?

Gracias a Dios, las flores y los animales son rezos,
cada día la vida muestra que hay niños
inocentes que también sufren
sin comida, sin padres, sin hogar.
Continuaremos viviendo para otros,
para las almas del mundo.

Recuerdo nuestra alegría,
recuerdo todo eso.

NUNCA NOS DIJIMOS ADIÓS

Nunca nos dijimos adiós,
todavía estoy llorando.
Nos habíamos abrazado, ¡sí!
Muchas veces, habíamos reído,
nunca peleamos aunque
pensábamos diferentemente
sobre algunas cosas, o sobre
personas que conocíamos.
Ahora estoy aquí
y está encima el arcoíris,
más allá de las nubes,
entre las estrellas,
en paz susurra:
«No llores
porque estoy más allá del dolor
y ahora soy tu ángel,
no llores, después de la lluvia
las lágrimas se secan».

NO ME MIRES ASÍ

No me mires como a un león que caza un jabalí
para tener comida para un día.
No me agarres como un gato que
encarcela una rata con sus colmillos
y con sus garras para hacerla un juguete.
No pidas que durmamos eternamente
lado a lado en una tumba
y ¿para qué?, ¿para engordar los gusanos?
No me mires así, hombre,
¿Eres tú un *homme fatale*?

Pues, soy una flor que se marchita
cuando hace muchísimo calor,
allí en la cumbre de la montaña,
y después bailo con el viento,
giro con el sol,
río en la tormenta,
me visto con sonrisa de muchos colores
porque la vida cambia,
cambia para siempre,
así es la vida.

ME PREGUNTAS SI TE AMO

Me preguntas si te amo,
te quiero o te deseo.

Quizás, quizás, quizás…

Día tras día cocino para ti,
lavo la ropa,
limpio los muebles,
barro la casa,
friego el inodoro
para que no haya mosquitos, termitas,
chinches, cucarachas, ratas,
para evitar malaria, veneno, enfermedad.
Compro medicamentos, vitaminas, frutas
para tu buena salud.

¿Es una obligación,
una expectativa, es un mal vicio,
una costumbre o es solo por lástima?

Me preguntas si te amo,
te quiero o te deseo.

Quizás, quizás, quizás…

SOY

Soy mi abuela que trabajaba en el campo,
en el sol, en la lluvia,
bajo la luna y las estrellas,
con el sonido de armas
y de aviones de guerra.
Soy ella que plantaba arroz,
maíz, caña, cacahuete, sandía,
todo crece en el clima propio.
Cuando los soldados buscaban guerrillas,
mi abuela las estaba alimentando
y escondía a sus hermanas y sus hijas,
para protegerlas de los enemigos.

Soy la madre en la guerra de los machos
que no sabía nada más que aguantar
—en silencio—
diez o catorce embarazos
porque era normal,
en aquel tiempo, dar a luz
si el marido quería hacer el amor,
porque es una manera de afirmar
su poder a pesar de la pobreza.
Soy la madre que rezaba
todo el día y toda la noche

que su marido volviera vivo
de la marcha de la muerte.

Soy la hija que asistió al asesinato
de su padre y su hermano
y la violación de su madre
en la guerra contra la droga
por una sospecha sin pruebas.
Ahora los armados la persiguen
en las montañas y
en la oscura selva y
de noche no oyen los gritos de angustia,
un grito en el fondo de su alma.
Busca la paz, lucha por la libertad,
lucha con otras sin armas
aunque la lucha dure una eternidad.

Soy la niña jugando en una cama de flores,
volando con las luciérnagas y las mariposas,
la niña que no sabe nada de crímenes machistas,
la niña que vive con los campesinos,
como su abuela y su madre,
la niña que va a continuar la batalla de los sexos
con cuentos, con canciones,
con cuadras, con bailes,
con poesía y artes nativas.
Soy la niña para siempre.
Soy.

SOY UNA TORMENTA

Soy una tormenta, un tifón, un huracán,
llorando por los niños flagelados bajo
el sol sin una gota de agua para su sed,
sin un segundo para descansar,
sin un pedacito de chocolate para su hambre,
del que nunca saben el sabor, aunque
cosechan cocoa para los gringos
desde la madrugada hasta la puesta del sol
en África, en el África del baile y del tambor.

¡Salvación para los niños,
niños de Dios,
niños de la Madre de Kibeho!

Soy una tormenta, un tifón, un huracán,
llorando por los niños que
son bombardeados en la escuela
mientras aprenden cómo parar la guerra,
cómo pintar, cantar, actuar,
cómo actualizar el sueño de la paz.
Los israelís roban vidas
en el desierto palestino
donde no hay más que robar.

¡Salvación para los niños,
niños de Allah,
niños de la Madre de Fátima!

Soy una tormenta, un tifón, un huracán,
llorando por los niños separados
violentamente de sus padres,
traumas en las cárceles,
sin jabón, sin cepillo, sin pasta.
En vez de los besos de sus padres,
en vez del abrazo de sus parientes,
los niños que huyen la violencia de su país
son víctimas de violación en la prisión,
en el borde de Tejas y México.

¡Salvación para los niños,
niños de Dios,
niños de la Madre de Guadalupe!

Soy una tormenta, un tifón, un huracán,
llorando por los niños que vieron
el policía tirando para matar a sus padres
sospechosos de tomar o vender droga.
Sus padres han muerto sin evidencia,
sin proceso, sin justicia.
Los acusados son pobres de Filipinas,
cubiertos y sumergidos
en el silencio del sepulcro,
en la tierra sucia,
en una nube de miedo.

¡Salvación para los niños,
niños de Dios,
niños de la Madre de Antipolo y del Pilar!

Soy una tormenta, un tifón, un huracán,
llorando por los niños que tiemblan
cada vez que ven la sombra de su tío,
su primo, su hermano, su padre,
cada vez que tocan su pecho y
sus piernas y los niños se transforman
en un hielo, un grito de silencio.
Es una pesadilla del infierno,
un horror sin nombre, la violencia doméstica
día tras día en todo el mundo.

¡Salvación para los niños,
niños de Dios,
niños de la Madre María!

LOS NIÑOS EN LA GUERRA

Estáis acostumbrados al sonido de la bomba,
lluvia de ceniza, nube gris
que oculta la luna.
Las estrellas y el sol se desvanecieron
como vuestras escuelas,
vuestro hogar,
vuestros abuelos,
vuestros padres,
vuestros hermanos,
todos los amigos y parientes.

¡Ay! Pobrecitos niños,
alma de mi alma,
corazón del mundo.

Estáis acostumbrados a ver una persona
sin orejas, sin nariz,
manos y brazos cayendo del cuerpo,
como hojas morenas en el fuerte viento
antes del invierno en el desierto.

¡Ay! Pobrecitos niños,
alma de mi alma,
corazón del mundo.

Estáis acostumbrados a buscar los animales
domésticos —gatos, perros, cerditos—
no importan las lágrimas del hambre
no importa que no tengáis domicilio,
no tenéis agua potable
ni manta, ni almohada,
¡nada!
Ni una canción
para apagar el grito de dolor y de soledad,
apagar el silencio de angustia
de una vida oscura.

¡Ay! Pobrecitos niños,
alma de mi alma,
corazón del mundo.

Las madres en todas partes
—en la sierra, en el mar
en el bosque, en el desierto,
en la ciudad, en la aldea—
y la Madre de la luz
lloran y se levantan
para terminar el culto
de violencia y de muertos,
trabajan para terminar la guerra
con fe y con un milagro,
para recuperar un paraíso perdido,
para recuperar una canción y la sonrisa.

¡Ay! Pobrecitos niños,
alma de mi alma,
corazón del mundo.

¿Estáis acostumbrados de verdad?
Claro, nunca estáis acostumbrados.
Podréis perdonar a los verdugos
pero, por cierto, no olvidaréis
nada de esto y no sufriréis más,
no, ¡nunca jamás!
El paraíso perdido es vuestro,
la canción y la sonrisa son vuestras.

¡Ay! Pobrecitos niños,
alma de mi alma,
corazón del mundo.

LOS ANIMALES

El camello lleva el sol en sus ojos
y el desierto en su lengua.
El elefante anda con dificultad
con una corona y unas joyas.
El caballo arrastra una carroza
como la luna embarazada del mar.
El delfín está en una prisión
pequeñita llena de cloro y basura.
Las turistas los montan,
a algunos de los más amables
y más sensibles de los animales,
víctimas de la crueldad de los humanos.

Los gallos se pelean y los perros
se combaten, también hasta que se mueren,
y los hombres apuestan
con la sangre en su boca
y dinero en su alma.
Todo es una lucha, un negocio
de los poderosos contra los
que no tienen fuerza.
Y en el toreo, el toro
sufre el lucio del picador
y los palos de los banderilleros

en su espalda, su cuello, su púa
hasta que está mareado y, puñetero,
el matador con su capa y espada baila
un baile de muerte para él,
y el toro mientras tiene un mar de sangre
en su nariz y en el cielo.

El circo, ah, el circo…
una diversión para niños y adultos…
El mono y el oso en bicicleta,
el elefante se equilibra
con una silla o una bola
mientras un acróbata cuelga de su tronco
y un león o un tigre saltan en un aro de fuego…
perro, gato, ave, burro,
caballo, cabra, llama, camello,
leopardo, foca y muchos más
sufren látigo, hambre y jaulas pequeñas y sucias,
para una ejecución peligrosa.

Su vida no es vida,
sus ojos no tienen sueños,
hasta que sepan de la libertad
del río, del mar,
del aire, del bosque
y el calor de sus padres.

LA MULTITUD CONTRA EL INDIVIDUO

No me gusta la multitud,
es ruidosa, es un rebaño,
un militar que sigue cumpliendo
sin preguntarse por qué ni pensar,
es como entrar en pánico y en fuga,
correr con toros que te persiguen.

De vez en cuando marcho,
protesto, canto en la calle
cuando un régimen dictatorial viola
los derechos humanos,
y por cuántos años
la gente ha gritado:
«¡Basta ya! ¡Basta ya!».
No importa si hay tanques de guerra,
si la policía apunta con pistolas
a los manifestantes.
«¡Basta ya! ¡Basta ya!».

El *People Power* en EDSA en febrero de 1986,
después del asesinato de Ninoy Aquino
y después del fraude electoral,
marchó otra vez en las calles;
el pueblo unido ofreció

flores, rosarios y alimentos
a los soldados,
hasta que los hombres en uniforme
se unieron a la gente
en la lluvia de confeti amarillos,
y el pueblo unido triunfó
contra la dictadura.

Ahora la euforia de aquel momento
está en nuestra memoria colectiva.
El momento no se repetirá
y la corrupción y los crímenes
oprimen con peor monstruosidad.
La gente sigue rezando,
y otros siguen esperando
una vida de buenos sueños.

UN RETRATO DE COLOMBIA

En una tierra de colinas y sierras
que abrazan el cielo y las estrellas,
la brisa susurra una paz
en los árboles que repiten
la música y el baile de la gente.

En una selva escondida
o en una montaña muy, muy lejos,
la guerra contra la droga sigue a rabiar
y viola los derechos humanos
de los niños, de los padres, de los vecinos,
atrapados en el fuego cruzado entre la milicia
    y las guerrillas,
entre los cárteles poderosos,
de otros países que sostienen el narcotráfico.
Es una noche negra para siempre,
sin flores, sin aire, sin paz.

Y los niños crecen llevando una venganza en su piel,
no saben cómo perdonar ni olvidar ni rezar.
La paz elude,
elude por muchas generaciones.
¡Ay! ¿Cuándo desaparecerá la noche oscura?

El sol brilla suavemente para las rosas y orquídeas de un
lugar bonito y tranquilo;
a los gatos, los perros y los perezosos, los pumas y los
jaguares les gustan los besos.
La gente canta en la lluvia, la gente tiene el olor de la lluvia.

Un retrato del infierno
y otro de ensueño,
son Colombia ahora.
A pesar de todo,
hay una visión de color,
de luz.

DESEO SER

Deseo ser una acacia,
un árbol que es una sombra
para mi esposo que trabaja
en el campo de arroz
cubierto de sudor;
mi esposo se relaja
bajo una acacia llena
de flores, un pan y un matraz
de agua a su lado.

Deseo ser una llovizna,
un agua de manantial,
un lago, un río,
un océano de historia y misterio
en el fondo del mar.

Deseo ser una luz del sol
después de la tormenta,
y el viento fuerte
para que mis hijos y mis nietos
puedan jugar, correr, reír,
volar, secar sus heridas.

Deseo ser la luna,
que es una almohada
de sueños, un viaje secreto,
un libro de mil cuentos,
antes de despertar,
con nuevas energías y la bendición
de la Madre de Dios.

ÍNDICE

POESÍA INÉDITA

LA DANZA DE LA BRUJA
(2000)

CABALGANDO LA LUNA LLENA
(2008)

CADENA DE AMOR
(2017)

SOY
(2023)

Esta primera edición de *Poesía completa en lengua española* se acabó de imprimir en Madrid el día 12 de octubre, Día de la Hispanidad, del año 2025.

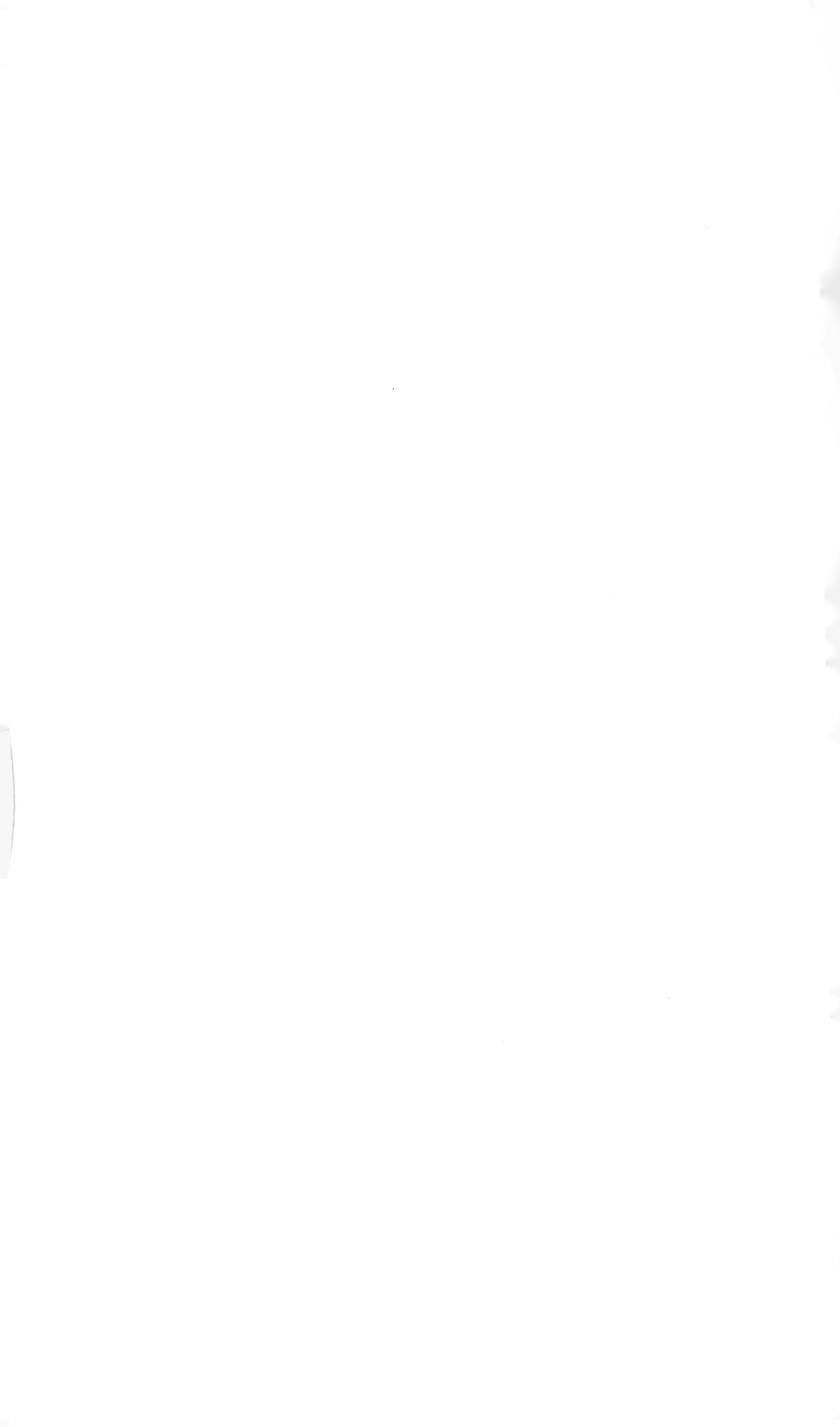